생물은 지금 이 순간에도 살아남기 위해 끊임없이 움직이고 있습니다.
모두가 잠들어 있을 것만 같은 밤에도 결코 그 자리에 멈추어 있는 것이 아닙니다.
생물들이 살아가는 모습은 우리가 생각하는 것보다 훨씬 더 놀라운 광경으로 가득합니다.
온갖 노력으로 지혜롭게 방어하고 공격하며 생태계를 유지해 가고 있습니다.
반면 사람들은 개발과 발전을 위해 환경을 훼손하는 경우가 많습니다.
자연은 있는 그대로일 때 가장 아름답습니다.
수많은 생물들의 선택,
우리가 존중해 주어야 하지 않을까요?

생물의 방어에 숨은 비밀

글쓴이 최재천

우리 시대의 대표적인 통섭학자로서 자연과학과 인문학의 경계를 넘나들며 활발한 연구를 진행하는 동시에 과학의 대중화에도 앞장서고 있습니다. 하버드대학교 은사인 에드워드 윌슨 교수의 책 『Consilience』를 『통섭』이라는 제목으로 번역하여 학문 간 교류와 소통의 필요성을 널리 알렸습니다. 서울대학교 동물학과를 졸업하고 미국 펜실베이니아 주립대학교 생태학부에서 석사학위를, 하버드대학교 생물학과에서 석사학위와 박사학위를 취득했습니다. 미시건대학교 생물학과와 서울대학교 생명과학부 교수를 거쳐 현재는 이화여자대학교 에코과학부 석좌교수로 재직 중입니다.

중고생들의 필독서가 된 『과학자의 서재』와 『생명이 있는 것은 다 아름답다』를 비롯하여 30여 권의 책을 저술하거나 번역했습니다. 또한 한국어로 쓴 최초의 저서 『개미제국의 발견』이 2012년 봄에 영문판 『The Secret Lives of Ants』로 존스홉킨스대학 출판부에서 출간되었습니다.

글쓴이 서수연

이화여자대학교 생물과학과를 졸업하고 한양대학교 환경대학원 환경설계학과에서 공학석사학위를, 이화여자대학교 에코과학부에서 이학박사학위를 취득했습니다. 현재 이화여자대학교 자연사박물관에서 학예연구원으로 재직 중이며 멍게류 분류 및 해양생물다양성 보전에 관한 연구를 하고 있습니다. 많은 사람들이 생물다양성을 이해하고 보전하는 노력에 동참할 수 있도록 다양한 과학커뮤니케이션 방안들을 기획하고 있습니다. 〈자연의 색〉〈생물다양성〉〈개미제국 탐험전〉〈동물의 소리 탐험전〉〈기후변화와 생명의 위기〉 등 10여 회의 전시를 기획하였으며 '박물관·미술관 발전 유공자 문화체육관광부장관 포상'을 받았습니다. 지은 책으로는 『자연의 색이 품은 비밀』『I love 지구, 기후변화 공부책』 등이 있습니다.

그린이 이다

1982년 포항에서 태어났습니다. 학교 수업이 끝나면 매일 바다에 놀러 갔지만 아직까지 수영은 못합니다. 서울여자대학교에서 문예창작학과 기독교학을 전공했고 12년째 그림을 그리고 있습니다. 『이다의 허접질』『무삭제판 이다플레이』를 펴냈고 『태양광 섬 연대도의 비밀』 등 다양한 책에 삽화를 그렸습니다. 〈이다이다전〉〈나와 이다전〉〈소소한 마음전〉 등 다섯 번의 개인전을 열었습니다. 언제까지나 아이의 마음을 잃지 않는 것이 소망입니다.

생물의 방어에 숨은 비밀

글 최재천·서수연 | 그림 이다

리젬

머리말

생물은 변화무쌍한 환경, 포식자의 공격, 질병 등에 끊임없이 방어를 하고 있어요. 이런 위협 요인들에 대해 생물이 얼마나 방어를 잘 해내는가에 따라 사느냐 죽느냐가 결정된답니다. 이러한 생명의 치열한 사투는 지금 이 순간에도 벌어지고 있어요.

이 책은 지구상에 살고 있는 생명체들이 살아남기 위해 온 힘을 다하고 있는 모습을 담고 있어요. 생명을 위협하는 것들에는 무엇이 있는지, 위험을 벗어나기 위해 펼치는 생물들의 방어 행동에는 무엇이 있는지를 다루었답니다. 특히 포식자의 공격에 대해 피식자

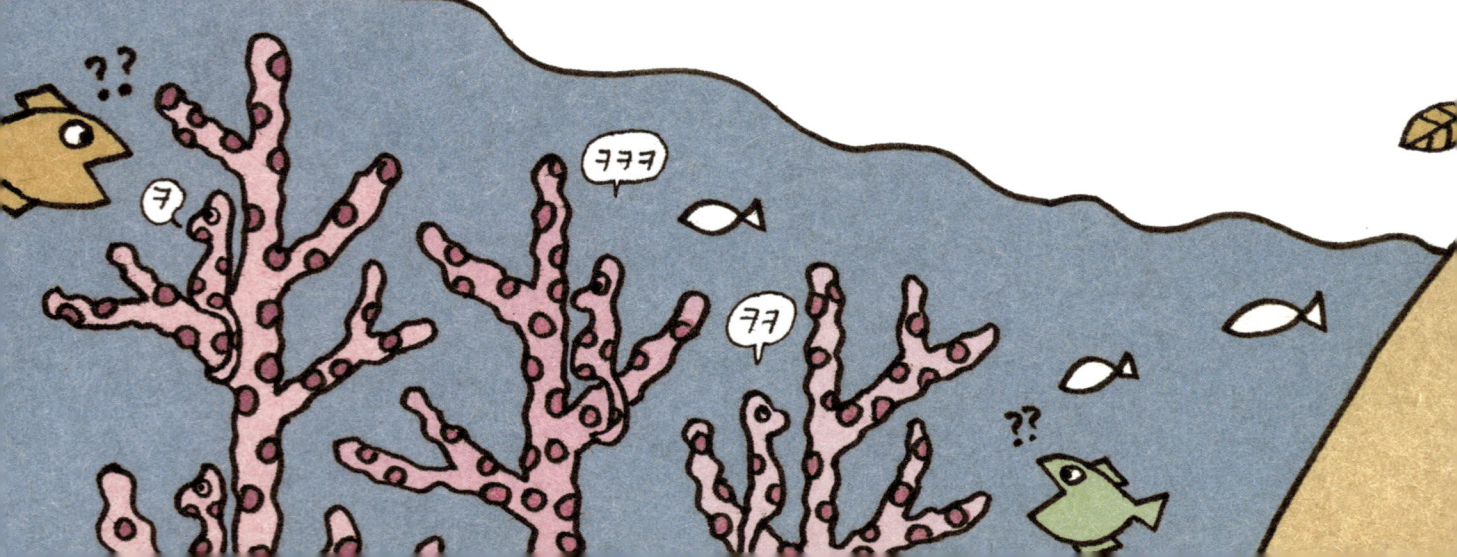

가 어떤 방어술을 펼치는지에 대해 초점을 맞추었어요. 또한 포식자들이 먹이를 잡아먹기 위해 피식자의 방어술을 깨는 방법을 진화시켜 온 내용도 다루었어요. 포식자와 피식자간의 '공격과 방어'의 밀고 당기기는 지금도 계속 진화하고 있지요. 이런 과정들을 통해 생태계의 균형이 이루어지고 있답니다.

 이 책을 읽은 어린이 여러분이 생명의 소중함을 느끼고 생명을 지키는 일을 실천하는 계기가 되기를 바랍니다.

2013년 10월
최재천, 서수연

차례

1장 생물의 방어
무엇이 생물을 위협할까요? • 10
포식자란? 피식자란? • 14

2장 쉿! 들키지 않기
몸을 숨겨요 • 18
흔적을 없애요 • 22
소리 내기를 조심해요 • 24
사는 곳과 활동 시간을 가려요 • 26

3장 적의 공격 피하기

재빨리 도망쳐요 · 30
허세를 부려요 · 33
깜짝 놀라게 해요 · 34
엉뚱한 곳을 공격하게 만들어요 · 36
과감히 버려요 · 38
번쩍 빛을 내요 · 40
'웩' 하고 토해요 · 42
냄새를 풍겨요 · 44
독이 있어요 · 48
소리를 내요 · 50
가만히 죽은 척해요 · 54
일부러 다친 척해요 · 56
여럿이 함께 모여요 · 58
따끔따끔 찔러요 · 60
갑옷을 입었어요 · 64

4장 피식자가 펼치는 방어술 깨기

돌로 깨뜨려요 · 68
더 잽싸게 행동해요 · 71
잘 다듬어 먹어요 · 72
독을 견뎌 내요 · 74
잔뜩 많거나 두꺼워요 · 76

5장 우리 한번 해 봐요 · 79

1장 생물의 방어

생물은 온갖 위험에서 자신을 지키기 위해 여러 가지 방법으로 방어를 해요. 생물을 위험하게 하는 것은 어떤 게 있고 그것을 어떻게 극복하는지 알아볼까요?

무엇이 생물을 위협할까요?

생물은 변화무쌍한 자연환경에 적응하기 위해 몸의 형태와 살아가는 방식을 오랜 기간 변화시켜왔답니다. 자연환경은 흙, 물, 공기, 생물과 같은 요소들이 서로 영향을 주고받으며 순환하는 곳이에요. 그래서 다양한 변화가 일어나지요. 생물은 이러한 변화가 주는 스트레스로부터 자신을 방어하는 여러 방법을 갖고 있어요.

남극대구라 불리는 물고기는 수온이 매우 낮은 남극해에 살아요. 체액을 얼지 않게 하는 부동단백질이 몸 속에 있기 때문에 찬 바다에서 살 수 있어요. 겨울철 자동차에 부동액*을 넣어 추운 날씨에 엔진이 터지지 않게 하는 것과 같은 이치랍니다. 아프리카 사바나에 사는 갈대개구리는 산불의 소리를 들을 수 있어서 불이 나면 재빨리 도망쳐요.

서식처의 환경이 변하면 많은 생물들은 살 만한 다른 곳을 찾아 이동해요. 이동한 생물 집단들에 유전적인 변화가 생기면서, 생물의 생리 기

*부동액
액체의 어는점을 낮추기 위해 넣는 용액입니다.

선인장
선인장 가시가 잎이라는 걸 알고 있나요? 우리가 아는 넓적한 잎 모양과 다르지요? 햇빛이 내리쬐는 건조한 지역에 사는 선인장은 되도록 물을 외부 환경에 뺏기지 않고 몸에 저장하고 있어야 해요. 잎의 면적이 넓으면 수분을 쉽게 뺏기기 때문에 선인장의 잎이 가시 형태로 변화한 거지요.

능이나 형태가 달라져 새로운 환경에 적응할 수 있어요. 반면 환경에 적응하지 못한 생물은 지구에서 사라질 위기에 처한답니다.

아프리카 사하라 사막에 살고 있는 사막여우는 귀가 커요. 넓은 귀 표면을 통해 몸의 열을 빨리 내보내지요. 반면 북극에 사는 북극여우의

귀는 작아요. 북극은 춥기 때문에 가능하면 귀의 피부를 통해서 빠져나가는 열을 막아야 해요. 지구온난화로 북극의 온도가 올라가면서 북극여우는 점점 살아가기가 힘들어요. 북극 아래쪽 좀 더 따뜻한 곳에 살던 붉은여우가 북극까지 사는 곳을 넓혀가고 있지요. 북극여우는 붉은여우에 비해 몸집이 작아 먹이경쟁에서 밀려 생존 위기에 내몰리고 있답니다.

생물은 몸 안팎에 있는 이물질의 공격도 잘 방어해야 살아남을 수 있어요. 몸 밖에서 들어올 수 있는 이물질로는 기생충, 곰팡이, 세균, 바이러스 등이 있지요. 그리고 몸 안에서 생길 수 있는 이물질은 손상된 세포 같은 거예요. 이런 이물질을 방어하기 위해 생물은 여러 가지 생체 방어 구조와 방법을 갖고 있지요.

홍합

세찬 바다 물살에 떠내려가지 않기 위해 홍합은 '족사'라는 실로 바위에 단단히 붙어 있어요. 홍합의 족사를 현미경으로 들여다보면 콜라겐 섬유와 단백질이 서로 엮어져 있는 것을 볼 수 있어요. 이 단백질 속에 강한 접착제 성분이 있어 파도에 쓸려가지 않고 바위에 딱 붙어 있는 거랍니다. 최근에는 이 홍합 족사 속 단백질을 이용해 수술에 사용하는 봉합용 실을 대신할 생체 접합제를 만들거나 방탄용 소재로 쓰기 위해 연구하고 있어요.

동물은 이물질이 들어오지 못하게 피부점막으로 몸을 보호해요. 그래도 바이러스나 세균이 들어오면 인터페론(interferon)이나 보체(complement) 같은 단백질이 나와 바이러스에 저항하고, 식세포가 세균을 먹어 버리기도 해요. 특히 척추동물은 처음 침입한 이물질(항원)을 기억해 두었다가 다시 침입해 들어오면 제거해 버리는 면역 기능을 갖고 있어요. 식물도 면역계가 있는지 아직은 알 수 없지만 유기화합물을 생산하거나 항생물질을 만들어 이물질을 방어한답니다.

눈잣나무

평균 해발 900~2,540m의 높은 산에서만 자라는 눈잣나무는 설악산 대청봉에서 볼 수 있지요. 잣나무가 누워 있는 것처럼 보여 '눈잣나무'라고 불러요. 고산지대는 춥고 강한 바람이 부는데다 직사광선이 강해 나무의 수분이 잘 빠져나가요. 그래서 나무의 생장이 더뎌 키가 작답니다. 눈잣나무를 산 아래 평지에 심으면 위로 곧게 자란대요.

포식자란? 피식자란?

생물의 먹이 관계에서 잡아먹는 생물을 포식자, 잡아먹히는 생물을 피식자라고 해요. 예를 들어 사자와 얼룩말, 호랑이와 여우, 여우와 토끼, 범고래와 청어, 문어와 소라, 나비 애벌레와 잎이 포식자와 피식자의 관계이지요. 포식자는 다른 생물의 피식자일 수도 있고, 피식자는 또 다른 생물의 포식자일 수 있어요. 가령 여우는 호랑이를 만나면 피식자가 되고, 토끼에게는 포식자가 되지요.

포식자와 피식자는 서로 공격과 방어를 하면서 살아요. 만약 어떤 피식자의 방어술이 모든 포식자에게 통해서 피식자가 다 살아남으면 포식자는 먹이 잡기에 실패해서 굶어 죽게 될 거고 피식자의 수는 점점 늘겠지요. 하지만 곧 피식자의 수도 감소할 가능성이 커요. 왜냐하면 이 피식자도 다른 어떤 생물에게는 포식자가 되니까요. 이럴 경우 또 다른 피식

자의 수가 줄면서 마침내 먹이사슬로 엮어진 생물들이 모두 멸종하게 되지요. 그러므로 포식자와 피식자 사이의 공격과 방어라는 밀고 당김은 생태계의 균형을 유지하는 데 매우 중요해요.

이를테면 곰, 늑대, 코요테 같은 큰 동물들은 사슴과 같은 초식동물을 잡아먹지요. 만약 곰, 늑대, 코요테 수가 줄어 사슴의 수가 아주 많아지면 그 지역의 어린 나무나 풀은 자라지 못하게 될 거예요. 결국 초식동물도 풀이 부족해져 그 수가 줄겠지요. 이처럼 먹이사슬로 엮인 대다수 생물들의 수가 줄면 주변 생태계에도 악영향을 주게 돼요. 너무 많은 사슴들이 어린 순을 마구 먹다 보니 나무들이 크게 자라지 못하지요. 나무들이 하천 가 흙을 단단히 잡고 있지 않아 침식이 심하게 일어나기도 해요. 그러면 물이 혼탁해져 물고기도 살기 어려워지고 물고기를 먹고 사는 다른 생물들도 생존에 위협을 받게 됩니다.

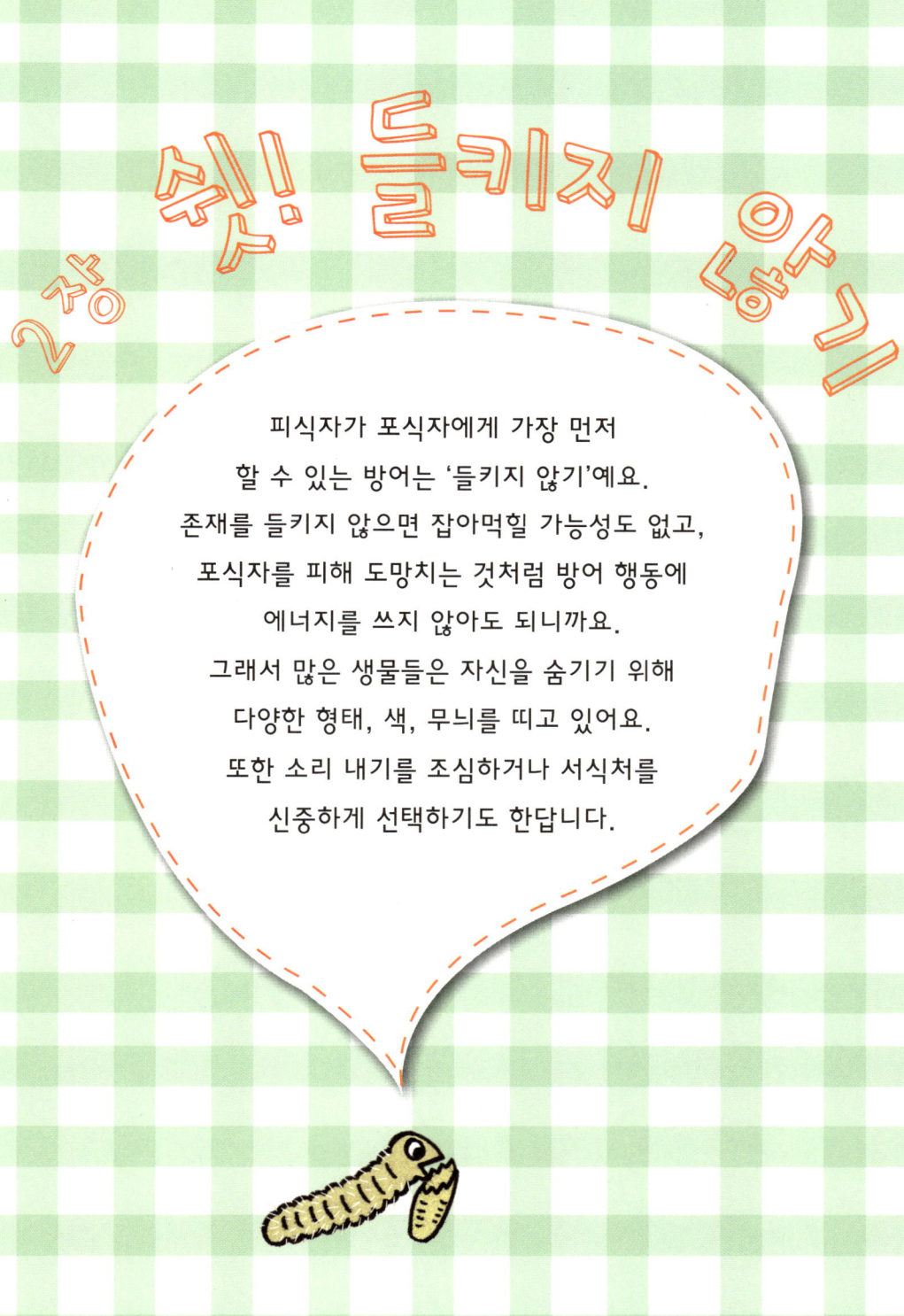

2장 쉿! 들키지 않기

피식자가 포식자에게 가장 먼저
할 수 있는 방어는 '들키지 않기'예요.
존재를 들키지 않으면 잡아먹힐 가능성도 없고,
포식자를 피해 도망치는 것처럼 방어 행동에
에너지를 쓰지 않아도 되니까요.
그래서 많은 생물들은 자신을 숨기기 위해
다양한 형태, 색, 무늬를 띠고 있어요.
또한 소리 내기를 조심하거나 서식처를
신중하게 선택하기도 한답니다.

몸을 숨겨요

피식자들이 살아남으려면 우선 포식자의 눈에 띄지 않아야 해요. 발각되지 않으면 공격받을 일이 없을 테니까요. 그래서 많은 생물들이 형태, 색, 무늬, 행동, 냄새 등을 주변 환경이나 다른 생물들과 비슷하게 해서 숨어 있어요. 이를 은폐적 의태(cryptic mimicry)라고 하지요.

마치 군인 아저씨들이 산에서 군사작전을 펼칠 때 짙은 녹갈색 옷을 입는 것과 같아요. 나무가 많은 우리나라 자연 환경에서는 이런 군복을 입어야 적군에게 발각되지 않고 잘 숨을 수 있으니까요.

나비 번데기를 예로 들어볼까요? 나비 애벌레는 자기가 좋아하는 식물의 잎을 열심히 먹고 날개가 달린 성충이 되기 전에 번데기로 지내는 과정을 거치지요.

나비 번데기는 작은 움직임 정도로만 방어를 할 수 있기에 천적에게 발각되지 않는 게 매우 중요해요. 그래서 나비 번데

기들은 주변과 비슷한 색을 띠는 경우가 많답니다. 여름을 나는 나비 번데기는 녹색을 띠는 경우가 많고, 겨울을 나는 번데기는 주로 갈색을 띠지요.

　호랑나비처럼 어떤 나비 번데기는 같은 종이더라도 계절에 따라 번데기의 색이 다르기도 해요. 호랑나비는 알, 애벌레, 번데기 시기에 천적인 새의 눈에 띄지 않기 위해 잎과 비슷한 색을 띠거나 다른 생물인 척해요. 호랑나비 애벌레는 1령*에서 4령일 때 검은색과 흰색이 섞인 새똥처럼 생겼어요. 푸른 나뭇잎에서 한참 먹이를 갉아먹고 있는 호랑나비 애벌레를 멀리서 보면 마치 새가 싸 놓은 똥처럼 보이지요.

*령
누에의 나이를 세는 단위입니다.

호랑나비의 알, 애벌레, 번데기는 호랑나비가 되기까지 새들의 눈에 띄지 않기 위해 다양한 색을 띠어요.

내가 누구게?

공작넙치

주변 환경에 따라 몸의 색과 패턴을 순식간에 바꿔 자신을 숨기는 공작넙치예요. 모래밭에 있을 때는 모래 색으로 변하고, 산호초에 있을 때는 산호초 색으로 변하며, 자갈 밭에 있을 때는 회갈색으로 패턴까지 변해요.

피그미해마

따뜻한 바닷속 산호에 사는 피그미해마는 산호 모습과 비슷하게 작은 돌기가 나 있고 분홍색 또는 오렌지색을 띠어요. 그래서 피그미해마를 산호에서 찾기는 참 어려워요.

대벌레

몸길이가 약 7~10cm로 대나무처럼 생겨서 '대벌레'라고 이름이 붙여졌어요. 녹색 잎이 많은 곳에서는 몸 색이 녹색이고, 나뭇가지가 많은 곳에서는 갈색을 띠어 눈에 잘 띄지 않아요.

톱다리개미허리노린재

콩에 주로 사는 톱다리개미허리노린재 1~2령 약충은 마치 개미처럼 생겼어요. 가는 허리와 모여 사는 모습이 개미와 비슷해요. 기생벌 같은 천적들이 개미인 줄 알고 그냥 지나쳐 버리지요.

흔적을 없애요

과학자들이 야생에서 생물을 연구할 때 많이 사용하는 방법 중 하나가 생물이 남긴 흔적을 찾아 관찰하는 거예요. 발자국, 배설물, 털(깃털), 냄새, 집터 같은 흔적은 그 생물이 어디쯤 있는지, 무슨 종인지, 어느 만큼 성장했는지, 어떤 건강 상태인지에 대해 많은 걸 알려 준답니다. 과학자뿐만 아니라 생물들 사이에서도 이런 흔적은 서로 간의 존재를 알아채게 하는 열쇠가 돼요. 그래서 어떤 생물들은 자신의 흔적을 싹 없애 버린답니다.

배추흰나비 애벌레들이 알에서 나와 제일 먼저 하는 행동은 자신이 나온 알 껍질을 먹어 치우는 거예요. 알 껍질이 남아 있으면 포식자들에게 자신이 있는 위치가 발각될 수 있으니까요. 또한 알에 있는 영양분을 얻기 위해서이기도 해요. 나비 애벌레들은 자신이 좋아하는 나뭇잎을 먹을 때 잎 안쪽부터 구멍을 뻥뻥 뚫어 가며 먹지 않아요. 구멍이 가운데 뚫려 있는 나뭇잎은 포식자의 눈에 잘 띄는 데다가 '애벌레가 이 잎을 먹고 있는 중이야.' 하고 알려 주는 것과 같아요. 잎 가장자리부터 먹으면 작은 잎으로 보여 포식자의 눈에 띄지 않아요. 이렇게 먹이를 먹을 때도 가능한 흔적을 남기지 않으려는 애벌레들이 정말 놀랍지요?

막 태어난 배추흰나비 애벌레의 식사 규칙!
자신의 알 껍질은 자신이 먹는다!

우와~ 너희는 학교도 안다니면서 잘 아네?!

소리 내기를 조심해요

사람처럼 다른 생물들도 서로 이야기를 해요. 같은 종의 생물끼리 또는 다른 종의 생물끼리 뜻을 전달하는 방법은 여러 가지예요. 주로 몸짓을 하거나 냄새를 풍기거나 소리를 내서 의사소통을 하지요. 그럼 이런 수단들로 어떤 이야기를 할까요? '여긴 내 땅이니 더 이상 들어오지 마! 더 오면 공격할 테야.', '제발 저랑 결혼해 주세요.', '와! 여기 맛있는 먹이가 있다!', '엄마, 밥 주세요!' 또는 '어서 와서 나 좀 도와줘요.'처럼 상황에 따라 여러 가지 이야기를 하지요.

의사소통 행동 중 특히 소리 내기는 생물들에게 위험한 상황을 초래할 수도 있어요. 포식자가 먹잇감이 내는 소리를 듣고 그 위치를 파악하기 쉬우니까요. 그래서 피식자는 포식자가 근처에 나타나면 소리 내기를 멈추고 가만히 있답니다.

가령 걸프아귀 수컷들은 번식기가 되면 암컷을 유인하기 위해 뱃고동 같은 소리를 내요. 그런데 큰돌고래도 이 소리를 듣고 걸프아귀 수컷에게 다가가 잡아먹어요. 결혼하자고 암컷을 불렀는데 포식자가 그 소리를 듣고 온 거지요. 이런 상황이 되면 걸프아귀들은 소리 내는 횟수를 줄여 발각되지 않으려 한대요. 다행히 걸프아귀는 큰돌고래가 먹이를 찾거나 습격할 때 내는 특이한 저주파의 소리를 알고 있어요. 배고픈 큰돌고래가 나타나면 걸프아귀는 뱃고동 소리를 내지 않는답니다.

사는 곳과 활동 시간을 가려요

한 장소에만 줄곧 사는 생물뿐 아니라 다른 곳으로 옮겨 다니며 사는 생물들 모두 적절한 서식지를 고르는 것은 매우 중요해요. 먹이가 풍부하게 있는지, 배우자를 만나 짝짓기할 기회가 있는지, 포식자의 위협을 피할 수 있는 곳인지 등을 잘 살펴보고 살 곳을 선택한답니다.

리어스앵무
나무 구멍이 아니라 절벽에 둥지를 지어 포식자들이 쉽게 접근하지 못하게 해요.

포식자가 다른 곳에 비해 별로 없거나 숨을 데가 많고, 포식자에게 발각되더라도 도망갈 데가 많은 장소가 좋은 서식지가 되겠지요.

괭이갈매기가 포식자를 피해 육지에서 멀리 떨어진 울릉도에서 알을 낳고 새끼를 키우고 있어요.

바다에서 배를 타고 갈 때 사람들이 던져 주는 과자를 받아 먹는 새를 본 적 있나요? 그 새가 바로 갈매기예요. 평상시 갈매기는 바닷가에서 먹이 활동을 하고 살다가도 새끼를 낳고 키울 때가 되면 육지에서 멀리 떨어진 섬에 가지요. 섬은 포식자들이 접근하기 어려워 알과 어린 새끼를 보호하기에 안성맞춤이거든요.

포식자와 마주치지 않으려면 포식자가 활발히 움직이는 시간을 피해서 돌아다니는 것도 한 방법이에요. 동물들은 포식자를 피해 좋아하는 먹이를 찾기 쉬운 시간에 활동해요. 활동 시간은 동물마다 달라요. 얼룩말이나 사자처럼 해가 뜨거나 질 무렵에 움직이기도 하고, 쥐나 부엉이나 멧돼지처럼 밤에 돌아다니기도 해요.

멧돼지 흔적
밤사이 멧돼지가 먹이를 찾기 위해 땅을 판 흔적이에요.

3장 적의 공격 피하기

피식자는 포식자에게 발각되면
다양한 방법으로 포식자의 공격을 피해요.
피식자가 방어를 하기 시작하면 포식자는 심각한
상처를 입지 않으려고 공격을 멈추기도 하고,
다음에는 먹이로 생각하지 않기도 하지요.

재빨리 도망쳐요

포식자가 나타났을 때 피식자가 할 수 있는 가장 쉬운 방법은 '재빨리 도망가기'랍니다. 동물마다 도망가는 방법도 각양각색이에요. 지그재그로 달리기도 하고, 데굴데굴 구르기도 하고, 툭 떨어지거나 아니면 오히려 튀어 오르기도 하는 등 여러 가지 모양새로 줄행랑을 쳐요.

포식자에 대한 학습과 경험, 피난처까지의 거리, 방어 기관과 새끼가 있는 경우에도 동물들이 도망가는 데 영향을 미쳐요. 아프리카에 무리 지어 사는 버빗원숭이는 독수리와 표범이

날치
위험한 순간에 물 밖으로 나와 커다란 가슴지느러미를 펼치며 비행하듯이 달아나요.

헐~ 잘 뛰네~

잡아먹으러 나타나면 도망을 가요. 그런데 이때 아무 데나 도망가는 게 아니랍니다. 표범이 잡아먹으러 오면 높은 나무 위로 올라가고, 독수리가

나타나면 키 작은 나무가 우거진 덤불로 도망가요. 포식자가 나타났을 때 어디로 도망가야 위험을 잘 피할 수 있는지 학습과 경험으로 알고 있는 거예요.

도망을 가면서도 무조건 뛰기만 하는 게 아니라 포식자를 설득하는 동물들도 있어요. 임팔라, 톰슨가젤, 스프링복과 같은 동물들이에요. 이들은 도망

바퀴거미
나미브 사막에 사는 바퀴거미는 기생벌을 피하기 위해 처음에는 땅을 파고 숨어 있다가 들키면 굉장히 빠른 속도로 모래언덕을 데굴데굴 구르며 도망가요.

가기 바쁜 와중에도 등을 활처럼 굽히면서 수직으로 껑충 뛰어올라요. '난 이렇게 높이 뛸 만큼 건강하니 다른 약한 먹이를 찾아보세요. 절 잡으려면 많이 힘들걸요.'라는 신호를 포식자에게 보내는 거지요. 흰꼬리사슴이 꼬리를 들어올리고 뛰는 행동도 포식자의 추격을 제지하는 신호예요.

밤나방과에 속하는 어떤 나방들은 박쥐에게 잡히지 않기 위해 나선을 그리며 아래로 '툭' 떨어지는 방어 전략을 취해요. 한편 불나방(Family Arctiidae)에 속하는 어떤 나방은 박쥐에게 거꾸로 방해전파를 쏴요.

허세를 부려요

허세란 실속 없이 겉으로만 드러나 보이는 기세를 뜻해요. 가끔 사람들도 자기가 진짜 갖고 있는 것보다 많은 척, 큰 척, 센 척, 잘난 척 할 때가 있잖아요. 동물들도 이렇게 '척'을 할 때가 있는데 바로 포식자가 자기를 잡아먹으러 올 때랍니다. 몸 크기를 평상시보다 크게 해서 포식자로 하여금 당황하게 하는 방어술을 쓰는 거지요.

자주복, 황복, 까치복, 참복 같은 복어들은 몸에 비해 작은 가슴지느러미를 가졌어요. 그러다 보니 다른 물고기들에 비해 헤엄치는 속도가 그리 빠르지 않답니다. 도망을 빨리 갈 수 없는 대신 다른 방어 수단을 갖고 있지요. 테트로도톡신(tetrodotoxin)이라는 맹독으로 방어하기도 하고요. 또는 포식자가 나타났을 때 물을 빨아들여 풍선처럼 몸 크기를 3~4배나 부풀려 큰 척해요. 허세를 부려 방어하는 거지요.

어떤 식물은 가짜 알을 만들어 내기도 해요. 곤충이 잎에 알을 낳으면 주변의 다른 잎 표면에서 즙이 나와 진짜 알과 비슷한 색과 형태를 가진 가짜 알을 만드는 거지요. 그러면 그 곤충은 더 이상 그 식물에 알을 낳지 않고 애벌레도 많이 태어나지 않게 되죠. 나중에 애벌레들이 잎을 먹으려고 서로 싸우지 않게 하기 위해서예요.

참복
위험에 처하면 물이나 공기로 배를 채워 몸을 크게 부풀려요.

두꺼비
포식자가 나타나면 몸을 부풀리고 귀 뒤에 있는 분비샘에서 하얀 독액을 뿜어내요.

깜짝 놀라게 해요

스티븐 스필버그 감독이 연출한 〈주라기 공원〉 영화를 본 적 있나요? 비 내리는 날 차 안에 숨어 있다가 연구원을 깜짝 놀라게 했던 공룡이 있었지요? 갑자기 목 주변의 알록달록한 피부막을 쫙 펴서 영화를 보던 우리도 깜짝 놀랐지요. 영화에서는 상상으로 만들어진 공룡이지만, 자연에는 이처럼 상대방을 깜짝 놀라게 해서 자신을 방어하는 생물들이 있어요. 갑자기 눈에 확 띄는 색이나 무늬를 보여 주거나 뜻밖의 행동을 해서 포식자를 깜짝 놀라게 하는 거지요.

디디우스 모르포나비

금속 느낌의 파란색 날개 윗면을 갑자기 보여 포식자를 깜짝 놀라게 한 다음 도망가요.

공작나비는 날개 아랫면이 회갈색이에요. 나비들은 날개를 접고 날개 아랫면을 보이면서 쉬는 경우가 많지요. 그럼에도 불구하고 눈 밝은 새가 이렇게 잘 숨어 있는 공작나비를 발견하는 경우가 있어요. 그러면 공작나비는 날개를 쫙 펴서 날개 윗면을 보인답니다. 날개 윗면에는 아랫면과 달리 붉은 색에 뱀 눈 무늬까지 있

이오산누에나방

적에게 발각되면 앞날개를 들어 뒷날개에 있는 큰 뱀 눈 무늬를 보여 줘요. 뱀인 줄 알고 공격자가 깜짝 놀란 사이 얼른 도망가요.

어요. 갑자기 이 모습을 본 새는 깜짝 놀랄 수밖에 없겠지요? 이 틈을 타서 공작나비는 얼른 새의 공격권을 벗어난답니다. 이렇게 상대방을 깜짝 놀라게 하는 동물의 색을 깜짝색(flash coloration)이라고 해요.

파란혀도마뱀
호주에 사는 파란혀도마뱀은 포식자를 만나면 입을 벌리고 파란색 혀를 보여 상대방을 놀라게 해요.

호주에 사는 목도리도마뱀은 평상시에는 나무에 은폐색(cryptic coloration)으로 숨어 있어요. 그러다 포식자에게 발각되면 우선은 일어서서 두 발로 뛰어 도망가요. 그래도 곧 잡힐 것 같으면 갑자기 확 뒤돌아서는 입을 크게 벌리고 목 주변의 넓은 막을 쫙 펴서 상대방을 놀라게 해요. 경우에 따라서는 포식자에게 달려들기도 하고 긴 꼬리로 땅바닥을 치고 물기도 한답니다.

뿔도마뱀
북아메리카에 사는 뿔도마뱀은 혈압을 높여 눈에 피를 가득 모은 다음 물총처럼 내뿜어요.

엉뚱한 곳을 공격하게 만들어요

어떤 동물이든 머리가 손상되면 자연환경에서 살아남기 힘들어요. 그래서 동물들은 포식자가 머리를 공격하지 않도록 몸의 다른 부위에 눈 모양의 무늬를 두거나 꼬리가 머리처럼 보이게 해요. 이렇게 하면 중요한 머리를 보호하고 도망갈 방향을 포식자가 잘못 알게끔 할 수도 있지요.

목고리뱀
아프리카에 사는 목고리뱀은 빨간색 꼬리로 포식자를 잘못된 방향으로 유인해요.

나비 중에는 뒷날개에 점 무늬를 갖고 있는 종들이 많아요. 천적인 새에게는 이 점이 눈처럼 보여 뒷날개 쪽이 머리인 줄 알고 공격하지요. 나비는 뒷날개 일부만 다치고 목숨을 구할 수 있어요. 포식자가 엉뚱한 곳을 공격하게 해서 살아남는 거예요. 심지어 쌍꼬리부전나비와 담색긴꼬리부전나비의 뒷날개에는 더듬이처럼 보이는 미상돌기까지 있답니다.

네눈나비고기
대서양에 사는 네눈나비고기는 몸통 뒤쪽에 큰 까만색의 점이 있는데 마치 눈처럼 보여요.

담색긴꼬리 부전나비

뒷날개에 눈처럼 보이는 점 무늬와 더듬이처럼 보이는 미상돌기가 있어 머리처럼 보여요.

과감히 버려요

포식자에게 발각되어 위험에 처하면 꼬리, 부속지, 내장, 날개 깃털 등을 과감히 버리는 동물들이 있어요. 이때 포식자가 정신이 팔린 사이 도망갈 기회를 얻는 거지요. 지렁이, 게, 불가사리, 메뚜기, 도마뱀 등이 이런 일을 한답니다.

아무르장지뱀
꼬리를 스스로 자르고 도망가요. 꼬리는 몇 주 만에 다시 자라날 수 있어요.

이렇게 자기 몸의 일부를 스스로 잘라 버리는 것을 자절(autotomy)이라고 해요. 몸의 어느 부위나 잘라 낼 수 있는 것은 아니고 특정 부분만 잘라 낼 수 있지요. 이 특정 부분은 피가 금방 멎어 빨리 나아요. 자절은 자손을 늘리거나 포식자를 방어하는 수단으로 이용해요.

도마뱀들은 포식자를 만나 상황이 위급하다 싶으면 꼬리를 잘라 버려요. 꿈틀거리고 있는 꼬리에 포식자가 정신이 팔린 사이 냅다 도망을 가는 거지요. 또 어떤 나비들은 거미줄에 걸렸을 때 날개 비늘을 일부러 떨쳐 내면서 탈출을 시도하기도 한답니다.

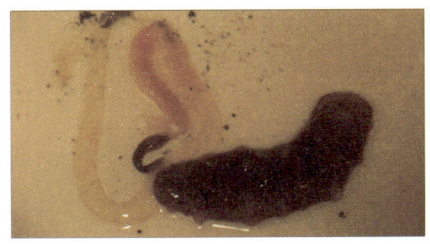

돌기해삼
돌기해삼은 포식자에게 내장을 내놓아요.

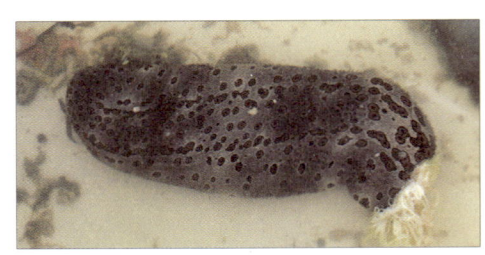

표범해삼
위협을 받은 표범해삼은 퀴비에관을 내놓다가 포식자가 계속 위협하면 내장을 내놓아요.

문어는 포식자가 나타나면 먼저 먹물을 상대방에게 뿜고 그 사이에 줄행랑을 쳐요. 그래도 포식자가 계속 공격해 오면 팔 중 하나를 잘라 포식자에게 내어 주고 도망가기도 하지요.

돌기해삼은 포식자에게 내장을 내어 주고 도망가요. 열대지역에 사는 표범해삼은 위협을 받으면 내장을 내어 주기 전에 항문을 통해 찐득찐득한 실을 내놓기도 해요. 이 실 다발은 호흡에 관여하는 퀴비에관(Tubules of Cuvier)이에요. 해삼은 30~40일 정도면 잃어버린 기관을 다시 재생할 수 있어요.

번쩍 빛을 내요

여러분은 어두운 데 있다가 환한 곳으로 나가 본 적이 있나요? 쏟아지는 빛에 눈이 부셔 순간적으로 눈을 찡긋 감게 되지요. 깊은 바다에 사는 생물들 중 일부는 이런 현상을 방어 전략으로 이용해요. 포식자에게 발각되면 번쩍 빛을 내지요. 깊은 바닷속은 햇빛이 닿지 못해 깜깜해요. 그런 곳에서 빛이 갑자기 보이면 누구라도 깜짝 놀라겠지요. 그때 포식자가 주춤하는 사이에 피식자는 얼른 도망을 간답니다.

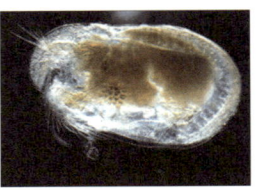

오스트라코드
작은 갑각류에 속하는 오스트라코드는 포식자가 나타나면 빛을 내요.

깊은 바다에 사는 어떤 새우는 천적인 아귀가 다가오면 아귀 쪽으로 빛을 내요. 오징어가 먹물을 뿜듯이 새우는 빛을 뿜어내지요. 빛 무리가 물속에 퍼지게 되면서 눈부신 빛 구름이 생겨요. 아귀가 '빛 구름 연막작전'에 휘말려 잠시 주춤하는 동안 새우는 줄행랑을 치지요. 깊은 바닷속

심해에 사는 새우
바다 깊은 곳에 사는 새우는 포식자가 다가오면 빛을 내어 혼란하게 한 다음 도망가요.

에 사는 생물뿐 아니라 육지 가까이 사는 난쟁이거미불가사리 같은 생물도 포식자가 다가오면 빛을 내서 자기를 방어해요.

태평양에서 헤엄쳐 다니는 환형동물인 스위마는 몸에 녹색 발광 물질이 든 주머니를 몇 개씩 달고 다니다가, 포식자가 나타나면 이를 떨어뜨려 폭탄처럼 터지게 해요.

'웩' 하고 토해요

위 속 내용물을 토해 내어 포식자의 공격을 피하는 동물들이 있어요. 토사물로 '난 아픈 애야. 날 잡아먹으면 너도 건강이 안 좋아질 거야!'라고 포식자에게 신호를 줘요. 건강에 이상이 없지만 포식자를 속이기 위해 위 속 내용물을 뱉어 내는 거예요. 풀밭에 있는 메뚜기를 손으로 확 움켜쥐면 까만색 물질을 방울방울 입으로 내뱉지요.

토사물에 들어 있는 성분이 포식자를 불쾌하게 하는 경우도 있어요. 호주에 사는 잎벌의 애벌레는 유칼립투스 잎을 먹어요. 유칼립투스 잎 속 기름에는 애벌레의 천적 곤충에게 해로운 성분이 들어 있답니다. 잎벌의 애벌레는 이 유칼립투스 기름을 특별한 주머니에 모아 둬요. 만약 공격을 받으면 기름주머니와 위가 있는 배 부분을 위아래로 두드려 노란색 유칼립투스 기름 성분의 물질을 한 방울씩 토해 내지요. 그러면 천적 곤충은 이 물질 때문에 공격을 멈춰요.

토사물로 방어도 하는구나!

토사물로 날 지킬 거야!

웩! 웩!
잡아먹으면 너도 아플걸!
난 지금 상태가 안 좋다고!

등검은메뚜기
등검은메뚜기를 잡으면 입에서 오징어 먹물처럼 까만 물질을 토해 내요.

잎벌의 애벌레
호주에 사는 잎벌 중에는 애벌레들이 원형으로 무리를 이루고, 노란색 물질을 방울방울 토하기도 해요.

짧은꼬리알바트로스
포식자가 다가오면 생선이 섞여 있는 기름기 많은 물질을 토해 내요.

냄새를 풍겨요

냄새는 동물들이 먹이나 짝을 찾거나 자신의 세력권을 표시할 때 매우 쓸모 있게 사용되는 신호예요. 냄새를 풍긴 동물이 그 자리에 없어도 몇 시간에서 며칠까지도 냄새가 남아 있지요. 그래서 냄새는 신호를 전달할 수 있는 장점이 있답니다.

동물들은 또한 잡아먹히지 않으려고 냄새를 이용해요. 포식자로 하여금 불쾌한 냄새를 맡게 할 뿐만 아니라 포식자의 감각기관과 피부를 자극해서 아프게 할 수도 있거든요. 가끔은 피식자의 냄새에 오히려 포식자가 먼저 자리를 피하기도 하지요.

'지독한 냄새를 풍기는 동물' 하면 제일 먼저 스컹크를 떠올리지요?

스컹크
항문샘에서 감각기관에 자극적이고 달걀 썩는 냄새를 풍기는 황금색 액체를 포식자에게 뿜어내요.

포식자가 다가오면 스컹크는 처음에는 앞다리를 들고 서요. 그러다가 뒤돌아서서 꼬리를 들고 항문샘에서 티올(thiol)이라는 황금색 액체를 포식자에게 뿜어내요. 이 액체는 달걀 썩는 냄새를 풍길 뿐 아니라 눈, 코, 입을 모두 자극해요. 방귀를 뀐다기보다는 자극적인 액체를 적에게 쏘아 대는 거예요.

폭탄먼지벌레
공격자가 있는 곳을 조준해서 화학물질을 여러 번 쏘아요.

우리나라에 스컹크와 비슷하게 방어를 하는 곤충이 있어요. 그 이름도 유명한 폭탄먼지벌레랍니다. 폭탄먼지벌레도 처음에는 포식자를 피해 숨거나 얼른 도망가려고 해요. 하지만 너무 가까운 거리에서 포식자를 만나면 자극적인 냄새가 나는 물질을 꽁무니 끝에서 원하는 방향으로 조정해서 쏘지요. 딱 한 번만 쏠 수 있는 게 아니라 여러 번 분출하는 것

도 가능해요. 폭탄먼지벌레는 몸 속에 하이드로퀴논(hydroquinone)과 과산화수소라는 물질을 저장해 둬요. 그러다 위험한 순간이 되면 이 물질들을 한 방에 모아 효소에 의한 화학반응을 일으켜 퀴논(quinon)이라는 독성 물질을 만들지요. 퀴논이 만들어질 때 높은 열과 압력이 생기면서 큰 소리로 '뻥' 하고 폭탄처럼 분출돼요. 그래서 공격자는 냄새 나는 독성 물질이 몸에 묻을 뿐 아니라 화상까지 입게 돼요.

식물도 자신을 갉아먹는 곤충이 나타났을 때 화학전을 펼치는 종들이 있답니다. 옥수수는 불나방의 애벌레가 자신을 갉아먹으면, 테르펜(terpene)이라는 화학물질을 내보내요. "이리 와, 여기에 네가 찾는 애벌레가 있어."라고 기생벌을 부르는 구조신호예요. 그러면 기생벌은 옥수

산호랑나비 애벌레
자극을 받으면 냄새가 나는 노란색 뿔을 내놓아요.

얼간이메뚜기
아메리카 대륙에 사는 얼간이메뚜기는 선명한 경계색으로 포식자에게 경고해요. 그래도 다가오면 크게 '쉬익' 소리도 내고 가슴 부분에서 지독한 냄새가 나는 거품도 뿜어내요.

참솜깃오리
포식자가 나타나면 둥지에서 달아나기 전에 알에 냄새 나는 똥을 막 뿌려 놓아요.

수로 날아와 불나방 애벌레의 몸 속에 알을 낳는답니다. 알에서 부화한 기생벌의 애벌레가 불나방의 애벌레를 먹이로 삼는 거지요. 그러면 옥수수는 더 이상 불나방 애벌레에게 잎을 갉아먹히지 않지요.

담배도 담배박각시나방의 애벌레에게 잎을 갉아먹히면 니코틴(nicotine) 같은 휘발성 화학물질을 분비하여 애벌레나 알을 먹는 긴노린재류를 유인해요. 또한 담배는 바이러스에 감염됐을 때도 휘발성 화학물질을 내뿜어요. 그러면 이웃에 있는 담배들은 얼른 면역 물질을 만들어 방어하지요.

옥수수
옥수수는 불나방의 애벌레를 방어하기 위해 화학물질을 내보내 기생벌에게 도움을 청해요.

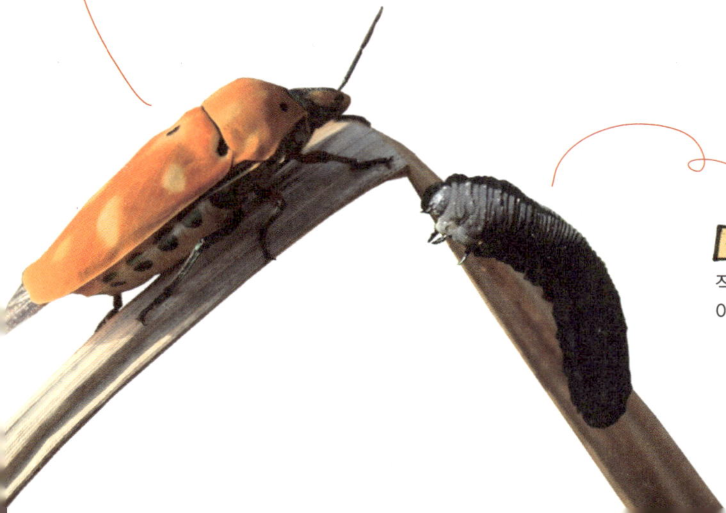

방패광대노린재
공격을 받으면 불쾌한 냄새가 나는데, 동료에게 위험을 알리는 경고 수단이 되기도 해요.

초록낫부리새
아프리카에 사는 초록낫부리새는 둥지 주변에 냄새 나는 액체를 뿌려 놓아요. 썩은 달걀보다 더 지독한 냄새가 나서 뱀, 쥐 같은 포식자가 냄새를 맡고 도망가요.

순무잎벌의 유충
적을 만나면 외피에서 냄새가 나는 액체가 방울방울 나와요. 이것을 반응출혈(reflex bleeding)이라고 해요.

독이 있어요

생물의 독은 먹이를 잡기 위해 사용되는 경우가 많아요. 우리나라에 사는 살모사 같은 독사는 독니로 쥐를 물고 독을 넣어 마비시킨 다음 잡아먹어요. 산호나 해파리는 화살처럼 생긴 자포에 들어 있는 독으로 먹이를 잡아먹어요. 작은 물고기나 동물플랑크톤이 다가오면 자포를 쏘아서 먹이를 마비시킨 다음 먹는답니다.

독은 먹이를 잡을 때 사용하기도 하지만 포식자로부터 자신을 방어하는 유용한 물질이 되기도 해요. 콜롬비아에 사는 황금독개구리는 피부에서 알칼로이드 성분의 맹독이 나와요. 천적으로부터 자신을 보호하는 데 이 독을 이용해요. 살짝 스치기만 해도 개나 닭이 죽을 정도랍니다.

해변말미잘
말미잘의 촉수에는 자포라는 독화살이 있어 자신을 방어하거나 먹이를 잡는 데 사용해요.

노랑혹점갯민숭달팽이
갯민숭달팽이는 자포를 갖고 있는 히드라, 산호, 해면 등을 먹어요. 먹이가 갖고 있던 독을 몸에 쌓아 두었다가 자신을 방어하는 데 써요.

푸른고리문어
골프공 만한 크기의 푸른고리문어는 몇 분 안에 사람을 죽일 정도로 강한 테트로도톡신을 갖고 있어요.

황금독개구리
피부에서 나오는 맹독으로 자신을 보호해요.

독을 스스로 만드는 것이 아니라 개미, 지네, 진드기 같은 먹이에서 얻는 생물도 있어요. 제왕나비는 화려한 색으로 독이 있음을 새들에게 알려요. 어린 새들이 모르고 제왕나비를 먹으면 심한 통증을 일으켜 바로 토해 내요. 이런 경험을 한두 차례 한 새들은 더 이상 제왕나비를 잡아먹으려 하지 않지요. 황금독개구리나 제왕나비처럼 독이 있는 동물들은 화려한 색을 띠는 경우가 많아요. '난 강한 독을 갖고 있으니 날 건드리면 자네가 좋지 않을 걸세. 그러니 조심하게나.' 하고 일부러 다른 생물들에게 알리는 거지요. 이런 색을 경계색(warning coloration)이라고 한답니다.

독이 있는 동물은 보통 독을 쓰기 전에 주로 숨거나 도망가요. 킹코브라는 한 번 물어서 코끼리를 죽일 만큼 강한 독을 가졌지만, 포식자가 나타나면 물기보다는 도망가거나 숨어요.

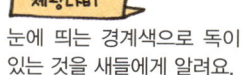
제왕나비
눈에 띄는 경계색으로 독이 있는 것을 새들에게 알려요.

별복
근육이나 껍질에 신경을 마비시키는 삭시톡신(saxitoxin)이라는 독을 갖고 있어요.

피마자
피마자 씨앗에는 리신(ricin)이라는 아주 강한 독성 단백질이 들어 있어서 동물들이 먹지 않아요.

소리를 내요

소리는 동물들이 의사소통을 하는 데 매우 중요한 수단이에요. 소리는 어둠 속이나 어느 정도 떨어진 거리에서도 서로 간의 뜻을 전달할 수 있는 장점을 가졌어요. 하지만 소리는 적들에게 자신의 위치를 드러나게 하는 문제점도 갖고 있어요. 그래서 피식자는 포식자의 접근이 느껴지면 소리 내기를 얼른 멈추지요.

반면 포식자가 다가왔을 때 도리어 소리를 내는 동물들도 있어요. 상대를 위협하거나 동료들에게 알리기 위해서예요.

침팬지는 천적인 표범이나 다른 무리의 침팬지 수컷들이 다가와서 새끼를 공격할라 치면 큰 소리를 지르고, 킹코브라 같은 맹독을 지닌 뱀도 '쉿, 쉿' 소리를 내서 상대를 위협한답니다. 사슴이나 소가 코를 힝힝거리며 소리를 내는 행동도 '나 이렇게 건강해요.'라고 포식자에게 알리는 신호예요. 소리를 내어 포식자의 공격을 막는 거예요.

많은 동물들은 동료나 새끼들에게 포식자의 등장을 알리기 위해 일부러 소리를 내기도 하지요. 이를 경계음(alarm call)이라고 해요.

검은머리박새나 버빗원숭이는 날고 있는 포식자를 발견하거나 나뭇가지나 땅에 있는 포식자를 발견했을 때 각각 다른 경계음을 내요. 주변의 동료들은 그 소리를 구별해서 알맞은 피신처로 숨어요.

그리고 버빗원숭이는 표범에 대한 경계음을 선택했을 때는 높은 나무 위로 올라가고, 독수리가 나타나면 키 작은 나무가 우거진 덤불 사이로 숨고, 뱀이 나타나면 앞발을 들고 아래쪽을 주시해요.

'사막의 파수꾼'이라 불리는 미어캣은 남아프리카 건조한 지역에 무리 지어 살아요. 보초병은 두 발로 서서 주위를 살피고 있다가 천적인 독수리가 나타나면 경계음을 내어 동료들에게 알려요. 그러면 다른 미어캣들은 굴로 잽싸게 숨는답니다.

새들도 경계음을 내어 포식자의 등장을 동료들에게 알리고 도망을 가요. 우리나라 도심에서도 새들이 내는 경계음을 들을 수 있어요. 까치, 직박구리, 박새는 아파트 단지에서도 사계절 내내 흔히 볼 수 있는 새들이지요. 자신의 세력권에 다른 종류의 새가 나타나면 시끄럽게 경계음을 내어 쫓아내요.

번식기에 수컷 새가 지저귀는 노래(song)와 평상시에 동료를 부르거나 새끼들이 먹이를 달라고 우는 소리(call)는 분명 달라요.

지금 창 밖의 새 소리에 귀를 기울여 볼까요?

위험해! 이 소리를 잘 들어 봐!

어디 보자~

어치
미국 플로리다에 사는 어치는 동료들이 먹이를 먹고 있을 동안 포식자가 나타나면 소리를 내어 위험을 알려요.

물수리
물수리 새끼들은 어미새가 경계음을 내면 축 늘어져 죽은 척해요.

미어캣
보초를 서는 미어캣은 동료들에게 경계음을 내어 위험을 알려요.

가만히 죽은 척해요

공격자가 나타나면 어떤 동물들은 죽은 척해요. 이를 의사행동(feigning death)이라고 해요. 죽은 동물을 먹지 않는 포식자들은 동물이 움직이지 않으면 흥미를 잃고 가 버리지요. 그러면 이 연기파 배우들은 언제 그랬냐는 듯이 멀쩡히 일어나 자리를 피한답니다.

대부분의 육식 곤충은 죽어 있는 것은 거들떠 보지도 않아요. 그래서 많은 곤충들은 위급한 상황이 되면 죽은 척하지요. 가령 팥바구미는 포식자가 다가오면 일단 멀리 날아가요. 하지만 비행 능력이 떨어지는 팥바구미는 죽은 척해서 살아남아요.

북아메리카주머니쥐는 공격을 받으면 처음에는 머리를 들어올리고 목을 넓게 한 다음 '쉿, 쉿' 하는 소리를 내요. 그리고 나쁜 냄새도 풍기지요. 이 방어책이 통하지 않으면 몸을 안으로 말고 등을 둥글게 하고 혀도 입 밖으로 내놓고 죽은 척해요. 심지어 포식자가 물어도 움직이지 않고 죽은 척해요.

밤게
갯벌에 사는 밤게는 동작이 느려요. 위협을 당하면 죽은 척하고 가만히 있어요.

계림갈퀴노래기
우리나라 산악 지대에 서식하는 계림갈퀴노래기는 포식자가 건드리면 몸을 둥글게 말고 죽은 척해요.

유라시아에 사는 풀뱀도 처음엔 '쉿, 쉿' 소리를 내거나 무는 시늉을 하지요. 그러나 이런 방어책이 통하지 않으면 느릿느릿 기거나 뒤집어져 죽은 척하고 있어요. 항문샘에서 마늘 썩는 냄새가 나는 액체도 나오고 입과 코에서 피가 나오기도 해요. 마치 나쁜 질병에 걸려 죽어 가는 것처럼요. 갓 사냥한 싱싱한 먹이를 좋아하는 포식자들에게는 별로 구미가 당기지 않겠지요.

풀뱀
뒤집어져 죽은 척하고 있어요.

일부러 다친 척해요

흰목물떼새, 쏙독새 같은 새들은 땅 위에 둥지를 틀고 알을 낳아 새끼를 키워요. 이 기간에 만약 포식자가 나타나 둥지가 발각될 위험한 상황이 생기면 어미새는 다친 것 마냥 날개를 푸드덕거리며 침입자를 자기 쪽으로 유인하지요. 이것을 의상행동(verleiten)이라고 해요. 둥지 안에 있는 알이나 새끼를 보호하기 위해 자신을 희생하는 이타주의적 행동을 하는 거예요.

미모사
잎을 건드리면 차례차례 포개져 마치 시든 잎처럼 보여요.

꼬마물떼새 어미새도 물가 자갈밭에 알을 낳아요. 알은 점 무늬가 있는 잿빛이어서 자갈처럼 보여 눈에 잘 띄지 않아요. 만약 여우 같은 포식자가 나타나면 처음엔 납작 엎드려서 들키지 않으려고 해요. 그럼에도 불구하고 여우가 더 다가오고 둥지가 발견될 것 같으면 어미새는 둥지에서 튀어나와요. 그러고는 날개가 부러진 척하면서 다른 곳으로 여우를 유인하지요. 여우가 둥지에서 멀어졌다 싶으면 어미새는 파르르 날아가 버린답니다. 여차하면 희생될 수도 있는 위험을 무릅쓰는 거예요. 꼬마물떼새는 아주 작은 새이지만 상대할 대상에 따라 다른 방어 방법을 써요. 여우가 아닌 소떼가 나타났을 때 꼬마물떼새 어미는 다친 척하는 게 아니라 둥지 위에 꼿꼿이 서서 소에게 이쪽으로 오지 말라고 날개를 쫙 펼치지요. 소는 풀을 먹지만 알이 깨지거나 새끼를 다치게 할 수 있거든요. 어미새의 뜻을 알아챈 소들은 둥지를 가운데 두고 양 쪽으로 갈라져 지나간답니다.

꼬마물떼새

꼬마물떼새 어미는 알을 보호하기 위해 다친 척해요.

여럿이 함께 모여요

어떤 생물들은 홀로 있기보다는 함께 모여 사는 것을 선택한답니다. 좋은 짝을 찾기도 쉽고, 포식자가 공격해 올 때 위험을 벗어나는 데 도움이 되기도 하지요. 메뚜기나 물고기가 모여 다니는 것과 펭귄이나 갈매기들이 새끼를 키울 때 함께 모여 있는 것도 같은 맥락입니다.

동심협력(同心協力)이란 사자성어가 있어요. 마음을 모아 힘을 서로 합친다는 뜻이지요. 생물들도 어려운 상황에 닥쳤을 때 서로 힘을 합쳐 위기를 모면한답니다. 혼자 아등바등 방어하는 것보다는 살아남을 확률이 더 커지니까요.

툰드라에 살고 있는 사향소는 10~30마리씩 무리지어 다녀요. 늑대나 말승냥이가 공격해 오면 새끼를 가운데 놓고 뿔이 나 있는 머리를 바깥쪽으로 하고 원 형태로 모여요. 초원에 사는 얼룩말들도 하이에나가

붉은콜로부스긴꼬리원숭이

붉은콜로부스긴꼬리원숭이는 침팬지가 공격해 오면 수컷들이 힘을 합쳐 물리쳐요.

슬금슬금 다가오면 수컷들이 물거나 발로 차 버릴 준비를 하고, 암컷과 어린 새끼들은 함께 모여 있다가 도망가지요.

까치, 까마귀, 대륙검은지빠귀 같은 새들도 자기보다 몸집이 더 큰 새가 나타나면 무리를 지어 집단공격(mobbing)을 해요.

무리를 지어 다니는 정어리는 포식자가 나타나면 무리 가운데 쪽으로 파고들면서 조밀한 공 모양을 이뤄요. 이를 떼 지어 다니기(shoaling and schooling)라고 해요.

정어리

정어리가 떼 지어 다니며 자신들을 보호하고 있어요.

따끔따끔 찔러요

가시나 뽀족한 돌기로 자기를 방어하는 생물들이 있어요. 이 가시나 돌기에는 독이 있는 경우도 있어서 포식자를 방어하는 좋은 무기가 돼요.

호저는 등, 옆구리, 꼬리에 강한 가시처럼 변한 가시털이 나 있어요. 호저는 공격 전에 머리를 낮추고 꼬리를 들어올리면서 가시를 부딪혀 위협해요. 발로 바닥을 쿵쿵 내리쳐 소리도 내고, 냄새도 풍겨요. 그래도 계속 공격을 받으면 돌아서서 가시가 달린 꼬리로 내리쳐요. 가시는 쉽게 빠져서 상대방의 근육에 잘 박혀요. 어떤 호저의 가시에는 갈고리처럼 생긴 돌기가 있어 한번 박히면 잘 빠지지 않아요. 그러다 보니 상처에 균이 감염되어 오히려 공격해 온 동물이 죽을 수도 있어요.

고슴도치
가시를 세운 후 몸을 말고 몇 시간씩 방어 자세로 있을 수 있어요.

바늘두더지
공격을 받으면 땅을 파고 그 안에 들어가서 가시가 있는 등만 내놓아요.

노래기는 복부 뒤쪽에 있는 짧고 뻣뻣한 털다발을 이용해서 개미의 공격을 막아요. 이 뻣뻣한 털(강모)은 끝이 갈고리처럼 생겨 개미 몸에 나 있는 가늘고 긴 돌기에 붙으면 잘 떨어지지 않아요. 개미가 강모를 떼어 내려고 할수록 더 얽히기 때문에 죽을 수도 있어요. 그래서 강모가 들러붙은 개미는 공격을 멈추지요.

노랑쐐기나방 유충
몸에 나 있는 짧고 뻣뻣한 털로 공격자를 찔러요. 이 털에는 독도 있어요.

식물도 가시와 단단한 털과 같은 예리한 구조물로 자신을 방어해요. 6월부터 우리나라 산과 들에서 흔히 볼 수 있는 가시엉겅퀴는 줄기에 가시가 촘촘히 나 있어 달팽이 같은 포식자로부터 안전할 수 있어요. 이처럼 바늘 또는 갈고리 형태의 가시가 나 있는 식물들은 산유자나무, 초피나무, 찔레, 음나무, 호랑가시나무, 실거리나무, 청미래덩굴 등 굉장히 많아요. 가시

왕관가시불가사리
인도와 태평양에 사는 왕관가시불가사리는 분홍색 또는 노란색 가시가 몸에 나 있는데 이 가시에서 독이 나와요.

도깨비도마뱀
호주에 사는 도깨비도마뱀의 몸에는 많은 돌기가 있어요. 위협을 받으면 앞발 사이에 머리를 밀어넣어 목 부위의 가시가 도드라지게 해요.

가 있는 식물들은 대부분 독이 없고 맛있는 열매를 맺는 경우가 많아요. 붉가시나무나 가시나무의 새순은 매우 조밀하고 빳빳한 솜털로 쌓여 있어 곤충 애벌레가 먹기 어려워요.

잔디나 억새를 만지다가 손을 벤 적이 있지 않나요? 잔디의 잎 가장자리에는 규산염이, 억새 잎 가장자리에는 유리질이 있어 칼날처럼 날카로워요. 그것을 먹으려고 덤비는 동물뿐 아니라 그 곁을 지나가는 동물에게도 상처를 낼 수 있어요.

꼬리지느러미의 앞쪽에 면도칼처럼 생긴 돌기가 있어요. 이 돌기는 안으로 접힐 수 있으며 날 부분이 앞쪽을 향해 있어요.

쐐기풀
포름산이 든 가시가 있어 피부에 닿으면 벌에 쏘인 것처럼 따끔거려요.

갑옷을 입었어요

몸이 단단한 비늘, 골질판, 두꺼운 피부, 패각 등으로 쌓여 있어 포식자의 날카로운 이빨, 부리, 발톱을 막아 내는 동물들이 있어요. 마치 옛날 장수들이 갑옷을 입고 적군의 창과 화살을 막았던 것처럼요.

거북복
단단한 껍질로 포식자의 공격을 막아요.

우리나라 남해에 가면 거북복이라는 상자같이 생긴 물고기를 만날 수 있어요. 거북복은 단단한 육각형의 비늘들이 껍질에 덮여 있어 포식자의 공격으로부터 자기를 방어할 수 있어요.

아메리카 대륙에 사는 아르마딜로는 띠 또는 판자 모양의 뼈처럼 딱딱한 등딱지로 덮여 있어요. 이 등딱지는 몸을 움직일 수 있게 부드러운 피부에 연결되어 있지요. 도망가거나 숨지 못할 상황이 되면 아르마딜로는 몸을 말아 등딱지만 노출되게끔 해서 철통 방어를 한답니다.

아홉띠아르마딜로는 위험하면 일단 도망가요. 지그재그로 뛰기도 해요. 공격권에서 벗어나지 못하면 2분 안에 땅굴을 파고 들어가기도 해요. 또는 땅에 주저앉아 등갑만 보이게 하거나 죽은 척도 하지요. 완벽하지는 않지만 때로는 공처럼 코와 꼬리가 닿게 몸을 구부려요.

흰코뿔소
피부 두께가 18~45mm나 되기 때문에 송곳니나 발톱 공격을 막아 낼 수 있어요. 그리고 무시무시한 뿔도 가지고 있지요.

연한 몸을 갖고 있는 조개와 고둥도 공격을 당하면 단단한 패각을 닫아 버려요. 거북이도 공격을 당하면 머리와 사지를 등갑과 배갑 사이로 넣어 버리지요. 천천히 움직이는 거북, 조개, 달팽이 들에게 이런 갑옷은 천적을 막는 데 아주 유용한 방패예요.

포식자나 병원균이 나타났다고 도망갈 수 없는 식물들에게는 겉 표면이 매우 중요한 방어선이 돼요. 그래서 식물들은 표피 세포벽을 두껍고 단단하게 만들어요.

아홉띠아르마딜로
딱딱한 등딱지로 덮여 있는 아홉띠아르마딜로가 땅굴을 파고 들어가 숨을 준비를 해요.

천산갑
두껍고 딱딱한 큰 비늘로 온 몸이 겹겹이 쌓여 있어요. 배와 얼굴의 일부분만 노출되어 있지요. 공격을 당하면 몸을 말아 단단한 공처럼 변해요.

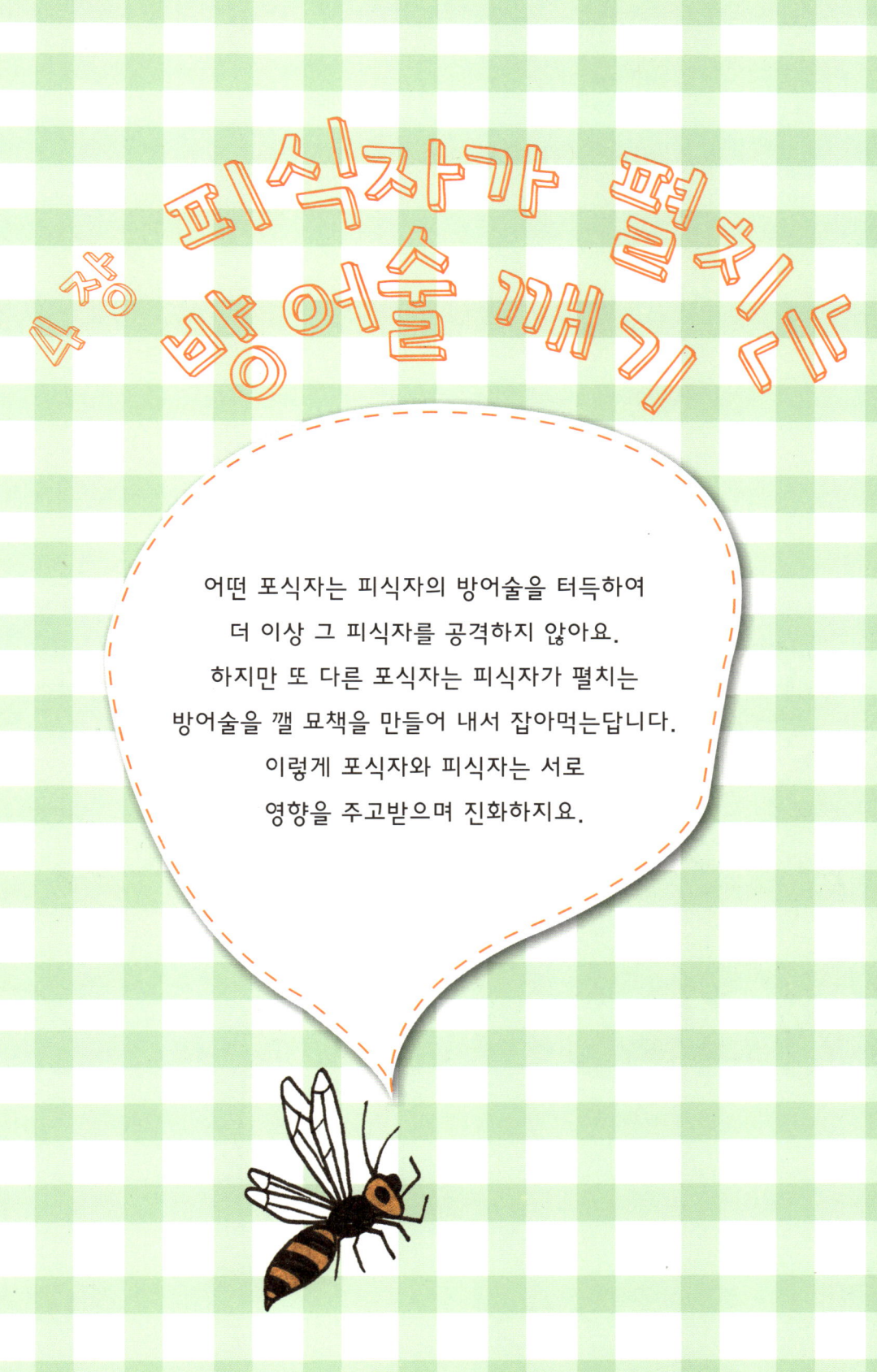

4장 피식자가 펼치는 방어술 깨기

어떤 포식자는 피식자의 방어술을 터득하여
더 이상 그 피식자를 공격하지 않아요.
하지만 또 다른 포식자는 피식자가 펼치는
방어술을 깰 묘책을 만들어 내서 잡아먹는답니다.
이렇게 포식자와 피식자는 서로
영향을 주고받으며 진화하지요.

돌로 깨뜨려요

단단한 껍질이나 패각으로 덮여 있는 동물을 잡아먹기 위해서는 어떻게 해야 할까요? 포식자들은 먹이를 높은 곳에서 떨어뜨리거나 돌을 이용해 단단한 껍질을 깨부숴 먹어요.

대표적인 동물은 여러분이 잘 알고 있는 해달이에요. 해달은 북태평양 연안에 사는 동물이에요. 땅에서 걸어다닐 수도 있지만 대부분 바다에서 생활한답니다.

노란점호박돔
조개를 입에 물고 바위에 부딪혀 패각을 깨 먹어요.

해달은 약 1~4분 동안 숨을 참고 잠수해서 성게, 조개, 새우, 게, 작은 물고기 등을 잡아요. 잡은 먹이들은 앞다리 아래의 피부주머니에 넣어서 수면으로 올라오지요. 해달은 조개의 딱딱한 껍질을 깨기 위해 앞발로 조개를 잡고 가슴 위에 얹은 돌에 내리치기도 하고, 암반에 붙어 있는 전복을 떼어 내기 위해 돌을 망치처럼 사용하기도 해요.

수염수리는 주로 죽은 동물의 뼈를 먹고 사는데, 뼈를 공중으로 갖고 날아올라가 바위에 떨어뜨려 산산조각을 내요. 거북이의 등껍질도 이렇게 부순 다음 잡아먹지요.

뉴칼레도니아 까마귀
높은 데서 달팽이를 딱딱한 돌에 떨어뜨려 깨 먹어요.

노래지빠귀
부리에 달팽이를 물고 자신이 좋아하는 돌에 후려쳐서 깨 먹어요.

더 잽싸게 행동해요

어떤 포식자는 피식자가 방어술을 펼칠 시간적 여유를 주지 않고 잽싸게 공격해서 잡아먹어요. 단단한 껍질이 있다고, 날카로운 가시가 있다고, 지독한 화학무기가 있다고 피식자들이 다 살아남을 수 있는 것은 아니랍니다. 속도전을 벌여 이런 무기를 사용하지 못하게 하는 거지요.

날카로운 가시가 달린 꼬리로 포식자를 내리쳐서 방어하는 호저도 보브캣, 늑대, 미국담비에게는 잡아먹힐 수 있어요. 이들은 호저가 가시로 반격을 펼치기 전에 재빨리 호저를 뒤집어요. 그럼 가시가 없는 연한 배가 드러나고 거기를 공격해서 잡아먹지요.

무시무시한 화학무기를 쓰는 스컹크에게 대적할 다른 생물이 없을 것 같지요? 하지만 큰뿔부엉이는 스컹크가 지독한 냄새를 뿜어낼 시간을 주지 않고 재빨리 잡아 버려요.

호주 까마귀
호주에 사는 까마귀는 독두꺼비(cane toads)를 휙 뒤집어 피부가 얇은 목 부분을 찌른 다음 긴 부리로 독이 없는 내장을 먹어요.

검은머리물떼새
살짝 열린 조개 안에 재빨리 부리를 집어 넣은 다음 조개 껍데기를 여닫는 근육을 잘라 버려요.

잘 다듬어 먹어요

몇몇 포식자는 먹으면 해로운 독, 자극 물질, 가시, 강모 등을 없애 버린 다음 잡아먹어요.

남방녹색부전나비 애벌레
가시나무 잎의 딱딱한 털을 벗겨 내고 먹기도 하고, 털 뭉치를 만들어 집으로도 이용해요.

큰재개구마리는 때까치과에 속하는 새로 큰물때까치라고도 불러요. 풀밭 주변의 키 큰 나무나 전봇대 위에 앉아서 예리한 눈으로 먹이를 찾아내요. 주로 쥐, 개구리 같은 작은 척추동물이나 나비, 딱정벌레, 거미 같은 무척추동물을 잡아먹어요.

큰재개구마리는 먹이를 나뭇가지나 가시에 꽂아 두는 특이한 습성이 있어요. 한입에 먹기 힘든 먹이를 뾰족한 곳에 꽂아 두고 부리로 찢어 나눠 먹고, 독성이 있는 먹이를 독성이 약해질 때까지 가시에 꽂아 두고 기

수리부엉이
고슴도치의 가시 돋친 등을 벗겨 내고 먹어요.

다렸다 먹어요. 독성이 있는 두꺼비는 독이 있는 껍질을 벗겨 내고 살만 먹는답니다.

브라질에 사는 흰목나무발발이라는 새는 자극적인 분비물을 내는 노래기를 바나나 줄기나 자신의 깃털에 문지른 다음 잡아먹어요. 좋지 않은 물질을 없애거나 깃털 속에 있는 기생충을 잡기 위해서예요. 파랑어치는 얼간이메뚜기의 독이 있는 머리와 소화기관을 떼어 내고 먹지요.

흰목나무발발이
바나나 줄기에 노래기를 문질러 분비물을 없앤 다음 잡아먹어요.

독을 견뎌 내요

천적이 없을 것 같은 독이 있는 생물도 잡아먹는 포식자들이 있어요. 이런 포식자들은 독성 물질의 영향을 받지 않거나 독성을 견뎌 낼 수 있어요. 타이거상어가 맹독을 지닌 복어나 바다뱀을 잡아먹고 개복치나 바다거북이 독화살 자포를 가지고 있는 해파리를 잡아먹는답니다.

심지어 어떤 포식자는 먹이의 독성을 이용하기도 해요. 유럽에 사는 고슴도치는 독이 있는 두꺼비를 잡아먹고는 그 피부를 씹어서 자신의 몸에 뿌려요. 다른 포식자로부터 자신을 방어하기 위해서이지요.

몽구스
몽구스(Family Herpestidae)는 독이 있는 뱀이나 두꺼비도 먹어요. 이집트 몽구스는 작은 포유동물을 13마리나 죽일 수 있는 독에도 저항할 수 있어요.

나처럼 독한 게 있을까?

노무라입깃해파리

해파리! 거기 서라!

개복치
노무라입깃해파리는 독성을 띠고 있는 촉수를 이용해 어린 물고기를 잡아먹고, 개복치는 독을 지니고 있는 해파리를 잡아먹어요.

도토리거위벌레
도토리거위벌레(*Mecorhis ursulus*)같은 곤충은 참나무 열매를 먹고 장 속에 들어온 독성 물질인 탄닌(tannin)을 다른 물질로 감싸 버려요.

잔뜩 많거나 두꺼워요

어떤 포식자들은 뾰족한 가시, 침 등에 찔려도 별로 영향을 받지 않도록 진화했어요.

벌매는 벌집을 공격해서 애벌레를 잡아먹는 새예요. 벌집을 공격하면 벌들이 마구 반격해 오지요. 하지만 벌매는 얼굴깃, 목덜미깃이 풍성하고 덥수룩해서 벌침이 몸에 닿지 않아요. 주로 발로 먼저 벌집을 잡는데, 발가락 비늘이 조밀하고 두터워서 벌들의 공격을 버틸 수 있어요.

돌돔은 연안의 암초 지대에 살며 따뜻한 바다를 좋아하는 물고기예요. 돌돔은 이빨이 새 부리 모양으로 단단하게 합쳐져 있어 단단한 껍질이 있는 소라, 고

벌매
발가락 비늘이 촘촘히 나 있어 먹이가 되는 벌의 반격을 이겨 내요.

뻐꾸기와 송충이
뻐꾸기의 위벽에는 튼튼한 강모가 많이 있어 송충이 같은 털이 많은 애벌레를 잡아먹을 수 있어요.

둥 등을 부수어 먹을 수 있어요. 특히 뾰족한 가시가 많은 성게를 딱딱한 주둥이로 들이받아 뒤집은 다음 배 부분을 발라 먹어요. 복어도 단단한 이빨과 턱으로 게와 새우의 갑각과 조개의 패각을 부셔서 먹어요.

5장 우리 한번 해 봐요

생물이 어떻게 공격을 피하는지
우리가 다 알 수는 없어요.
정답이 있는 게 아니니
생물의 방어술에 대해 친구들과
자유롭게 이야기해 봐요.

나를 숨겨 주세요

검은머리물떼새가 강가 자갈밭에 알을 낳았어요. 알이 포식자에게 발각되지 않도록 색과 무늬를 그려 보세요.
(힌트 : 56쪽)

산호랑나비 애벌레가 산초나무 잎을 갉아먹고 있어요. 애벌레가 포식자에게 발각되지 않도록 색과 무늬를 그려 보세요. 만약 새에게 발각되면 어떤 방어 행동을 할 지도 그려 보세요.
(힌트 : 46쪽)

나뭇잎나비가 있어요. 이 나비는 낙엽 속에 숨어 포식자의 눈을 피하고 싶어요. 어떤 날개를 달아 주면 좋을까요? 그림을 그려 보세요.

(힌트 : 18~21쪽)

바다 속 산호에 피그미해마가 살고 있어요. 어떤 모습이어야 포식자의 눈에 잘 띄지 않을까요? 그림을 그려 보세요.

(힌트 : 21쪽)

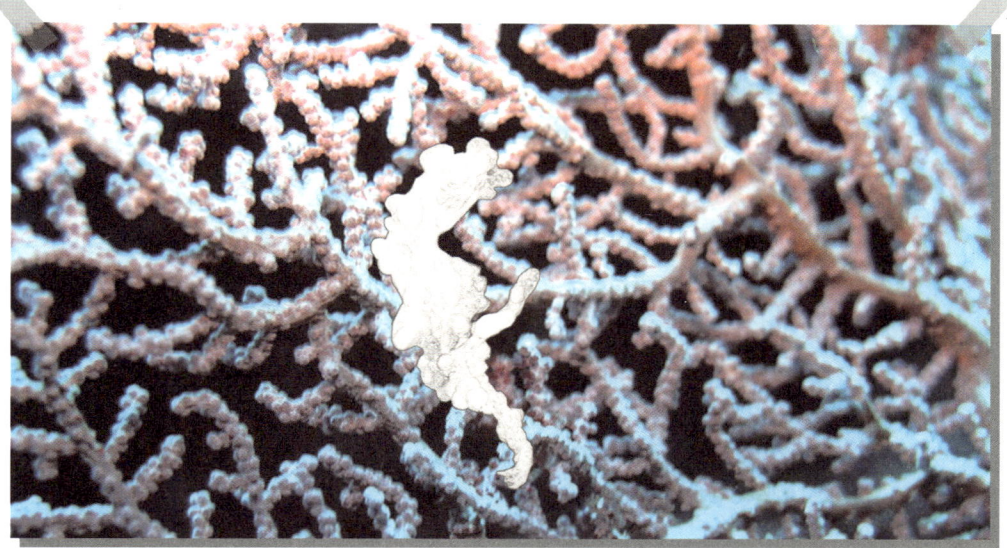

나의 방어술은?

다음의 생물들은 어떤 방어술을 갖고 있나요? 〈보기〉에서 알맞은 답을 찾아 번호를 적어 보세요.

( )　　　　　　( )　　　　　　( )

( )　　　　　　( )　　　　　　( )

보기

① 산호랑나비 애벌레
　몸의 색이 녹색이어서 나뭇잎과 잘 구별되지 않아요. 그래도 발각되면 냄새 나는 노란색 뿔 모양의 기관(취각)을 내놓아요.

② 갯민숭달팽이
　몸에 독이 있어요. 먹이인 산호, 히드라에서 독을 얻어요. 화려한 경계색을 띠고 있어요.

③ 표범해삼
　모래나 자갈 등을 몸에 덮고 숨어 있어요. 그래도 발각되면 퀴비에관이라 불리는 끈적끈적한 실다발을 항문 밖으로 내놓아요. 나중에는 내장도 버리지요.

④ 계림갈퀴노래기
　도망가기 어려운 상황에서는 몸을 둥글게 말아 죽은 척해요.

⑤ 노랑쐐기나방 애벌레
　몸에 나 있는 짧고 뻣뻣한 털로 공격자를 찔러요. 털에는 독도 있어요.

⑥ 공작나비
　날개 윗면의 화려한 색과 뱀 눈 무늬로 공격자를 깜짝 놀라게 해요.

꼬마물떼새 엄마가 되어 보세요

여러분이 꼬마물떼새 어미라면 여우나 소가 나타났을 때 어떤 방어 행동을 할 건가요? 아래 순서대로 동물 모자를 만들어 머리에 쓰고 다른 사람과 함께 역할 놀이를 해 보세요. 그리고 각각 어떤 방어 행동을 하는지 그림을 그리거나 사진으로 붙여 보세요. (힌트 : 50~57쪽)

동물 모자 만들기

 1. 각자 좋아하는 동물을 선택하여 색상지에 그려 오립니다.

 2. 머리에 두를 수 있는 띠를 잘라 각자 머리 둘레에 맞게 연결합니다.

 3. 1번의 동물을 2번 띠에 붙입니다.

그림 또는 사진

나의 방어술은?

내가 북아메리카에 사는 주머니쥐라면 코요테가 나타났을 때 공격을 피하기 위해 어떤 행동을 할 건가요? 6컷짜리 만화를 그려 보세요.

4컷 만화

내가 _____ 라면 _____ 가 나타났을 때 공격을 피하기 위해 어떤 방어 행동을 할 건가요? 4컷짜리 만화를 그려 보세요.

'생태계 지킴이!' 작전 세우기

인간은 많은 생물들의 방어 전략을 알고 있고, 그 방어술을 깰 묘책도 많이 갖고 있어요. 그래서 인간은 많은 먹거리들을 확보하고 있지요. 이런 상황에서 인간은 생태계의 균형을 유지하기 위해 어떤 활동을 해야 할까요? 가족과 친구와 함께 이야기를 나누어 보고 아래에 '생태계 지킴이' 작전을 세워 보세요.

 작전명 :

 누구와 함께 :

 어디에서 :

어떻게 :

사진 출처

이 책에 실려 있는 주요 사진은 이화여대 자연사박물관에 재직 중인 윤석준, 서수연, 류재원 님이 제공해 주셨습니다.

10쪽	선인장(서)
12~13쪽	홍합(서), 눈잣나무(윤)
20쪽	호랑나비 알, 애벌레, 번데기(윤)
21쪽	공작넙치, 피그미해마ⓒWikipedia, 대벌레(윤), 톱다리개미허리노린재ⓒWikipedia
26~27쪽	리어스앵무ⓒWikipedia, 괭이갈매기(서), 멧돼지 흔적(서)
28쪽	날치ⓒWikipedia
32~33쪽	바퀴거미ⓒWikipedia, 참복(서), 두꺼비(서)
34~35쪽	디디우스모르포나비(서), 이오산누에나방, 파란혀도마뱀, 뿔도마뱀ⓒWikipedia
36~37쪽	목고리뱀, 네눈나비고기ⓒWikipedia, 담색긴꼬리부전나비(윤)
38쪽	아무르장지뱀(윤), 돌기해삼(서), 표범해삼(서)
40쪽	오스트라코드, 새우ⓒwikipedia
43쪽	등검은메뚜기(윤), 잎벌의 애벌레, 짧은꼬리알바트로스ⓒWikipedia,
44~45쪽	스컹크ⓒWikipedia, 폭탄먼지벌레(윤)
46~47쪽	산호랑나비 애벌레(윤), 얼간이메뚜기, 참솜깃오리, 옥수수, 초록낫부리새, 순무잎벌의 유충ⓒWikipedia, 방패광대노린재(윤)
48~49쪽	해변말미잘(서), 노랑혹점갯민숭달팽이(서), 푸른고리문어, 황금독개구리ⓒWikipedia, 제왕나비(서), 별복(서), 피마자(서)
53쪽	미어캣, 어치, 물수리ⓒWikipedia,
54~55쪽	밤게(서), 계림갈퀴노래기(서), 풀뱀ⓒWikipedia
56~57쪽	미모사(서), 꼬마물떼새(윤)
58~59쪽	붉은콜로부스긴꼬리원숭이, 정어리ⓒWikipedia
60~61쪽	고슴도치(윤), 바늘두더쥐ⓒWikipedia, 노랑쐐기나방 유충(윤)
62~63쪽	왕관가시불가사리, 도깨비도마뱀ⓒWikipedia, 쥐돔(서), 쐐기풀(서)
64~65쪽	거북복, 흰코뿔소, 아홉띠아르마딜로, 천산갑ⓒWikipedia
69쪽	노란점호박돔ⓒG. Bernardi(2011), Coral reef:10,1007/s00338-011-0823-6
70~71쪽	뉴칼레도니아의 까마귀ⓒRutz, St. Andrews Univ., 노래지빠귀ⓒTaco Meeuwsen from Hellevoetsluis, The Netherlands, 호주 까마귀, 검은머리물떼새ⓒWikipedia
72~73쪽	남방녹색부전나비 애벌레(류), 수리부엉이ⓒWikipedia, 흰목나무발발이ⓒSazima, I. 2009. Anting behaviour with millipedes by the dendrocolaptid bird Xiphocolaptes albicollis in southeastern Brazil. Biota Neotrop9(1):249-252.
74~75쪽	몽구스, 노무라입깃해파리ⓒWikipedia, 개복치(서), 도토리거위벌레(윤)
76쪽	벌매, 뻐꾸기ⓒWikipedia, 송충이(윤)

출동! 지구 구조대 - ⑦
생물의 방어에 숨은 비밀

초판 1쇄 인쇄 2013년 10월 25일
초판 1쇄 발행 2013년 10월 30일

글 최재천·서수연 | 그림 이다
사진 이화여대 자연사박물관 윤석준 서수연 류재원
펴낸이 안성호
편집 이소정 조경민 강별 | 디자인 이보옥 황경실
펴낸곳 리젬 | 주소 서울시 마포구 망원1동 485-14 진흥하임빌 401호
출판등록 2005년 8월 9일 제 313-2005-00176호
대표전화 02)719-6868 편집부 02)3141-6024 팩스 02)719-6262
홈페이지 www.ligem.net
전자우편 iezzb@hanmail.net

ⓒ최재천·서수연 ⓒ이다

* 잘못 만들어진 책은 바꾸어 드립니다.
* 이 책의 무단 복제와 전재를 금합니다.
* 책값은 뒤표지에 표시되어 있습니다.
* 환경을 생각해서 콩기름 잉크로 찍은 책입니다.

이 도서의 국립중앙도서관 출판시도서목록(CIP)은 서지정보유통지원시스템 홈페이지(http://seoji.nl.go.kr)와 국가자료공동목록시스템(http://www.nl.go.kr/kolisnet)에서 이용하실 수 있습니다.(CIP제어번호: CIP2013020758)

ISBN 979-11-85298-03-0 74400
      978-89-92826-89-1 (세트)